心一堂術數古籍珍本叢刊

書名：《現代人相百面觀》《相人新法》合刊

系列：心一堂術數古籍珍本叢刊　第二輯　相術類　150

作者：【民國】吳道子輯

主編、責任編輯：陳劍聰

心一堂術數古籍珍本叢刊編校小組：陳劍聰　素聞　梁松盛　鄒偉才　虛白盧主

出版：心一堂有限公司

通訊地址：香港九龍旺角彌敦道六一○號荷李活商業中心十八樓○五─○六室

電話號碼：+852-6715-0840　+852-6633-7949

網址：publish.sunyata.cc

電郵：sunyatabook@gmail.com

網上書店：http://book.sunyata.cc

網上論壇：http://bbs.sunyata.cc/

版次：二零一七年九月初版

平裝

定價：港幣　　　一百三十八元正

　　　新台幣　　五百五十元正

國際書號：ISBN 978-988-8317-77-6

版權所有　翻印必究

香港及海外發行：香港聯合書刊物流有限公司

地址：香港新界大埔汀麗路三十六號中華商務印刷大廈三樓

電話號碼：+852-2150-2100

傳真號碼：+852-2407-3062

電郵：info@suplogistics.com.hk

台灣發行：秀威資訊科技股份有限公司

地址：台灣台北市內湖區瑞光路七十六巷六十五號一樓

電話號碼：+886-2-2796-3638

傳真號碼：+886-2-2796-1377

網絡書店：www.bodbooks.com.tw

台灣讀者服務中心：國家書店

地址：台灣台北市中山區松江路二○九號一樓

電話號碼：+886-2-2518-0207

傳真號碼：+886-2-2518-0778

網絡書店：http://www.govbooks.com.tw/

中國大陸發行・零售：心一堂書店

深圳地址：中國深圳羅湖立新路六號東門博雅負一層零零八號

電話號碼：+86-755-8222-4934

北京地址：中國北京東城區雍和宮大街四十號

心一店淘寶網：http://sunyatacc.taobao.com

心一堂術數古籍 珍本 整理 叢刊 總序

術數定義

術數，大概可謂以「推算（推演）、預測人（個人、群體、國家等）、事、物、自然現象、時間、空間方位等規律及氣數，並或通過種種『方術』，從而達致趨吉避凶或某種特定目的」之知識體系和方法。

術數類別

我國術數的內容類別，歷代不盡相同，例如《漢書‧藝文志》中載，漢代術數有六類：天文、曆譜、五行、蓍龜、雜占、形法。至清代《四庫全書》，術數類則有：數學、占候、相宅相墓、占卜、命書、相書、陰陽五行、雜技術等，其他如《後漢書‧方術部》、《藝文類聚‧方術部》、《太平御覽‧方術部》等，對於術數的分類，皆有差異。古代多把天文、曆譜、及部分數學均歸入術數類，而民間流行亦視傳統醫學作為術數的一環；此外，有些術數與宗教中的方術亦往往難以分開。現代民間則常將各種術數歸納為五大類別：命、卜、相、醫、山，通稱「五術」。

本叢刊在《四庫全書》的分類基礎上，將術數分為九大類別：占筮、星命、相術、堪輿、選擇、三式、讖諱、理數（陰陽五行）、雜術（其他）。而未收天文、曆譜、算術、宗教方術、醫學。

術數思想與發展──從術到學，乃至合道

我國術數是由上古的占星、卜筮、形法等術發展下來的。其中卜筮之術，是歷經夏商周三代而通過「龜卜、蓍筮」得出卜（筮）辭的一種預測（吉凶成敗）術，之後歸納並結集成書，此即現傳之《易

經》。經過春秋戰國至秦漢之際，受到當時諸子百家的影響、儒家的推崇，遂有《易傳》等的出現，原本是卜筮術書的《易經》，被提升及解讀成有包涵「天地之道（理）」之學。因此，《易‧繫辭傳》曰：「易與天地準，故能彌綸天地之道。」

漢代以後，易學中的陰陽學說，與五行、九宮、干支、氣運、災變、律曆、卦氣、讖緯、天人感應說等相結合，形成易學中象數系統。而其他原與《易經》本來沒有關係的術數，如占星、形法、選擇，亦漸漸以易理（象數學說）為依歸。《四庫全書‧易類小序》云：「術數之興，多在秦漢以後。要其旨，不出乎陰陽五行，生尅制化。實皆《易》之支派，傳以雜說耳。」至此，術數可謂已由「術」發展成「學」。

及至宋代，術數理論與理學中的河圖洛書、太極圖、邵雍先天之學及皇極經世等學說給合，通過術數以演繹理學中「天地中有一太極，萬物中各有一太極」（《朱子語類》）的思想。術數理論不單已發展至十分成熟，而且也從其學理中衍生一些新的方法或理論，如《梅花易數》、《河洛理數》等。

在傳統上，術數功能往往不止於僅僅作為趨吉避凶的方術，及「能彌綸天地之道」的學問，亦有其「修心養性」的功能，「與道合一」（修道）的內涵。《素問‧上古天真論》：「上古之人，其知道者，法於陰陽，和於術數。」數之意義，不單是外在的算數、歷數、氣數，而是與理學中同等的「道」、「理」──心性的功能，北宋理氣家邵雍對此多有發揮：「聖人之心，是亦數也」、「萬化萬事生乎心」、「心為太極」。《觀物外篇》：「先天之學，心法也。⋯⋯蓋天地萬物之理，盡在其中矣，心一而不分，則能應萬物。」反過來說，宋代的術數理論，受到當時理學、佛道及宋易影響，認為心性本質上是等同天地之太極。天地萬物氣數規律，能通過內觀自心而有所感知，即是內心也已具備有術數的推演及預測、感知能力；相傳是邵雍所創之《梅花易數》，便是在這樣的背景下誕生。

《易‧文言傳》已有「積善之家，必有餘慶；積不善之家，必有餘殃」之說，至漢代流行的災變說及讖緯說，我國數千年來都認為天災，異常天象（自然現象），皆與一國或一地的施政者失德有關；下

至家族、個人之盛衰，也都與一族一人之德行修養有關。因此，我國術數中除了吉凶盛衰理數之外，人心的德行修養，也是趨吉避凶的一個關鍵因素。

術數與宗教、修道

在這種思想之下，我國術數不單只是附屬於巫術或宗教行為的方術，又往往是一種宗教的修煉手段．通過術數，以知陰陽，乃至合陰陽（道）。「其知道者，法於陰陽，和於術數。」例如，「奇門遁甲」術中，即分為「術奇門」與「法奇門」兩大類。「法奇門」中有大量道教中符籙、手印、存想、內煉的內容，是道教內丹外法的一種重要外法修煉體系。甚至在雷法一系的修煉上，亦大量應用了術數內容。此外，相術、堪輿術中也有修煉望氣（氣的形狀、顏色）的方法；堪輿家除了選擇陰陽宅之吉凶外，也有道教中選擇適合修道環境（法、財、侶、地中的地）的方法，以至通過堪輿術觀察天地山川陰陽之氣，亦成為領悟陰陽金丹大道的一途。

易學體系以外的術數與的少數民族的術數

我國術數中，也有不用或不全用易理作為其理論依據的，如揚雄的《太玄》、司馬光的《潛虛》。也有一些占卜法、雜術不屬於《易經》系統，不過對後世影響較少而已。

外來宗教及少數民族中也有不少雖受漢文化影響（如陰陽、五行、二十八宿等學說。）但仍自成系統的術數，如古代的西夏、突厥、吐魯番等占卜及星占術，藏族中有多種藏傳佛教占卜術、苯教占卜術、擇吉術、推命術、相術等；北方少數民族有薩滿教占卜術；不少少數民族如水族、白族、布朗族、佤族、彝族、苗族等，皆有占雞（卦）草卜、雞蛋卜等術，納西族的占星術、占卜術，彝族畢摩的推命術、占卜術……等等，都是屬於《易經》體系以外的術數。相對上，外國傳入的術數以及其理論，對我國術數影響更大。

曆法、推步術與外來術數的影響

我國的術數與曆法的關係非常緊密。早期的術數中,很多是利用星宿或星宿組合的位置(如某星在某州或某宮某度)付予某種吉凶意義,并據之以推演,例如歲星(木星)、月將(某月太陽所躔之宮次)等。不過,由於不同的古代曆法推步的誤差及歲差的問題,若干年後,其術數所用之星辰的位置,已與真實星辰的位置不一樣了;此如歲星(木星),早期的曆法及術數以十二年為一周期(以應地支),與木星真實周期十一點八六年,每幾十年便錯一宮。後來術家又設一「太歲」的假想星體來解決,是歲星運行的相反,一週期亦剛好是十二年。而術數中的神煞,很多即是根據太歲的位置而定。又如六壬術中的「月將」,原是立春節氣後太陽躔娵訾之次而稱作「登明亥將」,至宋代,因歲差的關係,要到雨水節氣後太陽才躔娵訾之次,當時沈括提出了修正,但明清時六壬術中「月將」仍然沿用宋代沈括修正的起法沒有再修正。

由於以真實星象周期的推步術是非常繁複,而且古代星象推步術本身亦有不少誤差,大多數術數除依曆書保留了太陽(節氣)、太陰(月相)的簡單宮次計算外,漸漸形成根據干支、日月等的各自起例,以起出其他具有不同含義的眾多假想星象及神煞系統。唐宋以後,我國絕大部分術數都主要沿用這一系統,也出現了不少完全脫離真實星象的術數,如《子平術》、《紫微斗數》、《鐵版神數》等。後來就連一些利用真實星辰位置的術數,如《七政四餘術》及選擇法中的《天星選擇》,也已與假想星象及神煞混合而使用了。

隨着古代外國曆(推步)、術數的傳入,如唐代傳入的印度曆法及術數,元代傳入的回回曆等,其中我國占星術便吸收了印度占星術中羅睺星、計都星等而形成四餘星,又通過阿拉伯占星術而吸收了其中來自希臘、巴比倫占星術的黃道十二宮、四大(四元素)學說(地、水、火、風),並與我國傳統的二十八宿、五行說、神煞系統並存而形成《七政四餘術》。此外,一些術數中的北斗星名,不用我國傳統的星名:天樞、天璇、天璣、天權、玉衡、開陽、搖光,而是使用來自印度梵文所譯的:貪狼、巨

門、祿存、文曲、廉貞、武曲、破軍等，此明顯是受到唐代從印度傳入的曆法及占星術所影響。如星命術中的《紫微斗數》及堪輿術中的《撼龍經》等文獻中，其星皆用印度譯名。及至清初《時憲曆》，置閏之法則改用西法「定氣」。清代以後的術數，又作過不少的調整。

此外，我國相術中的面相術、手相術，唐宋之際受印度相術影響頗大，至民國初年，又通過翻譯歐西、日本的相術書籍而大量吸收歐西相術的內容，形成了現代我國坊間流行的新式相術。

陰陽學——術數在古代、官方管理及外國的影響

術數在古代社會中一直扮演着一個非常重要的角色，影響層面不單只是某一階層、某一職業、某一年齡的人，而是上自帝王，下至普通百姓，從出生到死亡，不論是生活上的小事如洗髮、出行等，大事如建房、入伙、出兵等，從個人、家族以至國家，從天文、氣象、地理到人事、軍事，從民俗、學術到宗教，都離不開術數的應用。我國最晚在唐代開始，已把以上術數之學，稱作陰陽（學），行術數者稱陰陽人。（敦煌文書、斯四三二七唐《師師漫語話》：「以下說陰陽人讖語話」，此說法後來傳入日本，今日本人稱行術數者為「陰陽師」）。一直到了清末，欽天監中負責陰陽術數的官員中，以及民間術數之士，仍名陰陽生。

古代政府的中欽天監（司天監），除了負責天文、曆法、輿地之外，亦精通其他如星占、選擇、堪輿等術數，除在皇室人員及朝庭中應用外，也定期頒行日書、修定術數，使民間對於天文、日曆用事吉凶及使用其他術數時，有所依從。

我國古代政府對官方及民間陰陽學及陰陽官員，從其內容、人員的選拔、培訓、認證、考核、律法監管等，都有制度。至明清兩代，其制度更為完善、嚴格。

宋代官學之中，課程中已有陰陽學及其考試的內容。（宋徽宗崇寧三年〔一一零四年〕崇寧算學令：「諸學生習……並曆算、三式、天文書。」「諸試……三式即射覆及預占三日陰陽風雨。天文即預

定一月或一季分野災祥，並以依經備草合問為通。」

金代司天臺，從民間「草澤人」（即民間習術數人士）考試選拔：「其試之制，以《宣明曆》試推步，及《婚書》、《地理新書》試合婚、安葬，並《易》筮法，六壬課、三命、五星之術。」（《金史》卷五十一・志第三十二・選舉一）

元代為進一步加強官方陰陽學對民間的影響、管理、控制及培育，除沿襲宋代、金代在司天監掌管陰陽學及中央的官學陰陽學課程之外，更在地方上增設陰陽學教授員，培育及管轄地方陰陽人。（《元史・選舉志一》：「世祖至元二十八年夏六月始置諸路陰陽學。」）地方上也設陰陽學教授員，於路、府、州設教授員，凡陰陽人皆管轄之，而上屬於太史焉。」）自此，民間的陰陽術士（陰陽人），被納入官方的管轄之下。

至明清兩代，陰陽學制度更為完善。中央欽天監掌管陰陽學，明代地方縣設陰陽學正術，各州設陰陽學典術，各縣設陰陽學訓術。陰陽人從地方陰陽學肄業或被選拔出來後，再送到欽天監考試。（《大明會典》卷二二三：「凡天下府州縣舉到陰陽人堪任正術等官者，俱從吏部送（欽天監）考中，送回選用；不中者發回原籍為民，原保官吏治罪。」）清代大致沿用明制，凡陰陽術數之流，悉歸中央欽天監及地方陰陽官員管理、培訓、認證。至今尚有「紹興府陰陽印」、「東光縣陰陽學記」等明代銅印，及某某縣某之清代陰陽執照等傳世。

清代欽天監漏刻科對官員要求甚為嚴格。《大清會典》「國子監」規定：「凡算學之教，設肄業生。滿洲十有二人，蒙古、漢軍各六人，於各旗官學內考取。漢十有二人，於舉人、貢監生童內考取。」學生在官學肄業、貢監生肄業或考得舉人引見以欽天監博士用，貢監生考中者會送往漏刻科。而在欽天監供職的官員，《大清會典則例》「欽天監」規定：「本監官生三年考核一次，術業精通者，保題升用。不及者，停其升轉，再加學習。如能黽

教以天文演算法諸書，五年學業有成，舉人引見以欽天監博士用，貢監生童以天文生補用。」學生在官學肄業、貢監生肄業或考得舉人後，經過了五年對天文、算法、陰陽學的學習，其中精通陰陽術數者，會送往漏刻科。

附學生二十四人，由欽天監選送。

術數研究

術數在我國古代社會雖然影響深遠，「是傳統中國理念中的一門科學，從傳統的陰陽、五行、九宮、八卦、河圖、洛書等觀念作大自然的研究。……傳統中國的天文學、數學、煉丹術等，要到上世紀中葉始受世界學者肯定。可是，術數還未受到應得的注意。術數在傳統中國科技史、思想史，文化史、社會史，甚至軍事史都有一定的影響。……更進一步了解術數，我們將更能了解中國歷史的全貌。」

（何丙郁《術數、天文與醫學中國科技史的新視野》，香港城市大學中國文化中心。）

可是術數至今一直不受正統學界所重視，加上術家藏秘自珍，又揚言天機不可洩漏，「（術數）乃吾國科學與哲學融貫而成一種學說，數千年來傳衍嬗變，或隱或現，全賴一二有心人為之繼續維繫，賴以不絕，其中確有學術上研究之價值，非徒癡人說夢，荒誕不經之謂也。其所以至今不能在科學中成立一種地位者，實有數因。蓋古代士大夫階級目醫卜星相為九流之學，多恥道之；而發明諸大師又故為惝恍迷離之辭，以待後人探索；間有一二賢者有所發明，亦秘莫如深，既恐洩天地之秘，復恐譏為旁門左道，始終不肯公開研究，成立一有系統說明之書籍，貽之後世。故居今日而欲研究此種學術，實一極困難之事。」（民國徐樂吾《子平真詮評註》，方重審序）

官方陰陽學制度也影響鄰國如朝鮮、日本、越南等地，一直到了民國時期，鄰國仍然沿用著我國的多種術數。而我國的漢族術數，在古代甚至影響遍及西夏、突厥、吐蕃、阿拉伯、印度、東南亞諸國。

除定期考核以定其升用降職外，《大清律例》中對陰陽術士不準確的推斷（妄言禍福）是要治罪的。《大清律例·一七八·術七·妄言禍福》：「凡陰陽術士，不許於大小文武官員之家妄言禍福，違者杖一百。其依經推算星命卜課，不在禁限。」大小文武官員延請的陰陽術士，自然是以欽天監漏刻科官員或地方陰陽官員為主。

勉供職，即予開復。仍不及者，降職一等，再令學習三年，能習熟者，准予開復，仍不能者，黜退。

現存的術數古籍，除極少數是唐、宋、元的版本外，絕大多數是明、清兩代的版本。其內容也主要是明、清兩代流行的術數，唐宋或以前的術數及其書籍，大部分均已失傳，只能從史料記載、出土文獻、敦煌遺書中稍窺一鱗半爪。

術數版本

坊間術數古籍版本，大多是晚清書坊之翻刻本及民國書賈之重排本，其中豕亥魚魯，或任意增刪，往往文意全非，以至不能卒讀。現今不論是術數愛好者，還是民俗、史學、社會、文化、版本等學術研究者，要想得一常見術數書籍的善本、原版，已經非常困難，更遑論如稿本、鈔本、孤本等珍稀版本。

在文獻不足及缺乏善本的情況下，要想對術數的源流、理法、及其影響，作全面深入的研究，幾不可能。

有見及此，本叢刊編校小組經多年努力及多方協助，在海內外搜羅了二十世紀六十年代以前漢文為主的術數類善本、珍本、鈔本、孤本、稿本、批校本等數百種，精選出其中最佳版本，分別輯入兩個系列：

一、心一堂術數古籍珍本叢刊
二、心一堂術數古籍整理叢刊

前者以最新數碼（數位）技術清理、修復珍本原本的版面，更正明顯的錯訛，部分善本更以原色彩色精印，務求更勝原本。并以每百多種珍本、一百二十冊為一輯，分輯出版，以饗讀者。

後者延請、稿約有關專家、學者，以善本、珍本等作底本，參以其他版本，古籍進行審定、校勘、注釋，務求打造一最善版本，方便現代人閱讀、理解、研究等之用。

限於編校小組的水平、版本選擇及考證、文字修正、提要內容等方面，恐有疏漏及舛誤之處，懇請方家不吝指正。

心一堂術數古籍 珍本 叢刊編校小組

二零零九年七月序
二零一四年九月第三次修訂

序

傳有之曰。人心之不同。各如其面。可見天地之大。人類之

眾有一人。卽有一人之面相。若者為貴。若者為賤。若者為

富若者為窮。若者為壽。若者為夭。觀其面相之美醜。卽可

知其心術之斜正。精風鑑者按圖索驥。百不失一。惜乎坊

間流傳之諸相書。類多江湖俗套。糟粕浮光掠影之談。以遂

其欺世斂錢之計。致談相者無確實之左證。可勝痛哉。余

足跡遍國中。交友滿天下。早歲設硯都門。相當世名公鉅

卿。如前袁大總統。及王壬秋伍秩庸諸先生。直言談論不

爽。累秦近又搜得名相家雲遊子天涯過客輩評相之贊

語。人無論男女。相無論善惡。無不談言微中。明察秋毫。約
而計之。得百人焉。爰特編輯成書。即命名曰人相百面觀。
自是書印行後。凡人欲知命之窮通。壽之修短。以及交友
用人之際。某也忠厚。某也刻薄。某也慈善。某也凶惡。皆能
一目了然。斷不致善惡莫辨。而受人之害也。至於貧賤夭
壽等相。雖亦得之天授。無可奈何。然而俗諺有云。修心可
以補相。人苟不甘於貧賤夭壽。竭力修德。亦未始不可補
救於萬一。則是書也。豈僅為相人之妙諦。其於世道人心。
為功尤莫大焉。

癸亥仲夏端陽前三日平江吳道子序上春申客次

大貴之相

四水流通明珠入海目如豪鷹搏兔。頭上有骨嶙峋。而且兩耳大口鼻正。的是王者之相。惜乎眉間殺氣太重。以致帝王事業功敗垂成迄今過新華宮外。猶想見洪憲皇帝不止也

吳道子評

鼻骨連天。顴骨連眉。兩目有威五岳朝拱此為三才生合之局。雖不大富。必定大貴。所以前為三朝元老。後為全國元首。至其器度端凝品格清高。尤非庸眾所能及。故當總理萬幾之暇。又有晚晴簃之雅興也

吳道子評

大富之相

天庭飽滿。地角豐盈。鼻準圓肥。面如
冠玉雖不能得九五之尊然相去僅
一間耳是相主福祿綿綿位極人臣。
所以在洪憲時代勢傾中外在東海
時代端居揆席而國人皆以財神目
之。　　吳道子評

額寬眉長耳大貼肉鼻如懸膽聲若
洪鐘而且內府有骨平滿。（見相術
奇書第三章頭無惡骨節）故雖不
得王侯之尊而其資財之富已足傾
動一時。（新申報五月二日載袁有
財產三千萬）　　吳道子評

長壽之相

自項至踵。毫無俗骨。鼻梁正直。兩目
光明。至其鬚眉之朗朗清潤。尤足徵
壽者之相。此老風流俊逸無殊裹馬
少年。故三湘七澤間語及周媽軼事、
者無不資為美談云。

吳道子評

頤圓神定。耳厚眉長是豐燦翁壽屆
期頤雄心未死講求素食之談。發明
靈魂之學可見其獲壽之徵有由來
也不料元帥府炮聲震驚心膽俱碎。
遂使上壽不死之說無由實驗當躬。
惜哉。

吳道子評

忠厚之相

耳輪高過眉角。印堂有痣十全。兩眉
高且長目光帶威嚴忠心愛國無私。
厚德載福綿綿為一國之元首而具
此慈善之相所以人稱之為黎菩薩
焉。

天涯過客評

天庭高人中長眉有伏彩眼有真光。
位列將相忽隱忽現情願人負我不
願我負人此所以在北洋軍閥派中
而有王龍之美譽惜存心過於忠厚。
執兵權而無生殺之威嚴也。

雲遊子評

威武之相

虎頭燕頷方面大耳。兩目神藏而全。
鬚髯八字分明。是為三多之相。所以
威鎮直魯豫三省。執北洋派之牛耳。
至其肩背豐隆。胸腰平潤尤足證其
前程之未可限量。繼菩薩而登蓮座。
吾將拭目以俟之
　　　　　　一塵子評

高瞻遠矚虎步龍行。目光炯炯。聲音
宏壯。其一生行運尤在顴插天庭。顴
者權也凡人年至四十六七行顴運。
直皖直奉兩役將軍正當其時此所
以威鎮中原無往而不利也。
　　　　　半狂評

英雄之相

目秀眉清。口方鼻正兩耳有輪有廓。
脣舌紋理如花是爲北人南相東三
省靈秀之氣盡鍾於此所以貴爲巡
閱駿駿乎有陵駕關中之勢雖一時
稍有波折未可以爲英雄之末路而
懸爲定論焉。　　半狂評

頭頂方正面部豐腴長眉鳳目聲宏
氣壯英雄固自不凡當此強壯之年。
而能坐鎮滇南不爲勢屈知其前程
遠大固不僅眼前之富貴可以限定
其終身也。

煙霞客評

清高之相

眉描秀色。目涵英精自上頂至於下頦無絲毫濁氣。所以於書無不窺於字無不明名聞中外。學貫古今。真不愧當世之聖人惜乎印堂下一部稍欠開展。故中年不無顛沛耳。

　清道人評

精神矍爍器宇宏深雙眉過目兩耳插鬢骨格清癯如鶴鬚髯滋潤分明論其相則貴至二品論其福則清靜終身所以遯清既亡即不見公之蹤跡於吳門

　清道人評

聰明之相

眉目清秀。骨格嶙峋。早年得志。思想
崛新。惜印堂下氣。
色略暗。故常有顛
覆之虞。然否去泰
來為期正不遠也。

半狂評

頭有峻骨。兩眉疏
朗。故其思想新穎。
與常人特異。但地
角似欠豐隆。以致
屢仆屢起未能一
帆風順也。

天涯過客評

新月眉秋波
眼男子得之
聰明非凡雖
一曲霓裳現
身舞臺其品
格不甚高超
而論此相之
福澤固不亞
於當世之名
公鉅卿無怪
有周郎癖者
之低首下心
也。

雲遊子評

文豪之相

鼻如懸膽。口
可容拳惜乎
滿面都是牢
騷氣故雖一
肚皮經濟文
章只落得以
文豪名當世
未獲享富貴
榮華終其身
於仕途也然
而若先生者。
亦足以自豪
矣。

一塵子評

場鉅子。

煙霞客評

潤有光采是為聰
明伶俐之相不為
詩壇健將定是文

唇紅口方此�乩靖

目光清明。眉根疏朗。
印堂色澤秀潤望而
知為能詩能文之豪
客至於膚如凝脂唇
如丹砂尤足證其清
高之貴相也

終南山人評

哲 學 家 相

眉清目秀耳大口方頂髮黑而且潤。
彙新舊學說於一胸所以能發為新
思想著為大文章使當年莘莘學子。
咸崇拜飲冰室文集而弗替。

　　　　　　　雲遊子評

額方兩澗髮禿而潤先生理想高人
一等恨語言之不統一提倡國音以
作教本舍此哲學大家誰克有此絕
大之學問。

　　　雲遊子評

實 業 家 相

雙目神清耳大貼肉。鬚眉翠秀氣色
鮮明雖年逾古稀而精神依然雙爍。
不為名誘不為勢屈具大魁之相。而
關農工之利。此所以國人咸稱為實
業家也。

天台居士評

面方鼻正口寬耳厚。處世則和而且
平辦事則勤而且慎。觀其相貌之豐
隆即知其創業之宏遠具堅忍之心
而收鉅大之利中國惟一之實業家。
舍君其誰。

天台居士評

一七

慈善之相

五官寬展雙目生光精神煥發相貌堂皇滿肚皮慈悲一面孔和氣故能以貧賤之夫一躍而為大慈善，家如先生者。當世能有幾人。

　　樵子評

一雙目富精神開展眉宇寬大耳輪作微賤業具菩提心臨終遺囑子與孫捐金培植士林至今銅像巍巍咸識當年之大慈善人。　樵子評

面團團如圓月身昂昂若喬松樂善好施亮無倦容迄今過紅十字會令人瞻仰遺型猶想像當年之沈公。

　　煙霞客評

勞碌之相

眉有伏彩。鼻若截筒。兩耳貼肉雙目
有神。此相雖不大富必定大貴惟額
上有紋如交鎖狀。（見相術奇書第
十八章紋定心緒節）所以一生勞
碌。四海奔波難得安閒之日也。

天涯過客評

臥蠶眉菱角嘴鼻大且正顴分八字。
大丈夫得意之相不過如是。惜乎腿
長頸瘦下停獨長。以致終歲歷碌僕
僕風塵是豈命為之哉蓋亦相使之
然也。故與其謂之勞碌命。毋寧謂之
勞碌相。

一塵子評

短　壽　之　相

鼻如懸膽。耳有輪廓。相貌威武精神
滿足。惜乎地角太瘦削。嘴唇太澆薄。
故論其相則貴至公侯。論其年則定
然不祿。嗚呼蔡公吾欲一哭。

半狂評

鐵面銀牙髮潤且黑是為大貴之相。
惜耳有輪而嫌薄目有光而少神故
就相論相。不失侯伯之尊而察其態
度。觀其氣色定與顏子相伯仲也。

一塵子評

貧賤之相

眉短目小唇薄舌尖。倘君在年幼之
時。衣錦繡而食膏粱享盡祖宗餘蔭。
那知榮華半世。一去不回。目前之貧
且賤者。早由相中安排定妥固非無
由而至也。

非非道人評

眉目頻蹙。口齒不齊鬢髮蓬鬆面孔
瘦削兼之內有一副窮骨頭故雖衣
以輕裘反不如敝衣之暖食以珍羞。
反不如粗糲之飽圖中面目卽此賤
丈夫之一也。

終南山人評

粗俗之相

頭有俗骨胸無點墨市儈為伍江湖

遊業之無不識一字而亦自附於風

雅之列若此君者真不知羞耻為何

物。

　　　　　　雲遊子評

臂粗拳大眉濃口濶自頂至踵無半

寸雅骨望而知為傖夫俗子所幸心

地坦白性情戇直與之交好合則頸

項可割不合則一言決絕若陌路之

不相識。

　　　　　　一塵子評

呆笨之相

眼光停頓。嘴唇厚腫。面皮板滯無活
色。語言應答不合拍。見人不知好歹。
遇事毫無決斷。以致聽信邪言演出
逆倫大案。嗚呼欣生爾真呆如木雞。
笨如老牛也。

非非道人評

鼻梁低塌。耳輪狹小。目光凝滯言語
執一。任嬌妻之播弄看姦夫之出入
迨至醜聲外揚猶不知覺反執途人
而告之曰。是乃吾之妻舅俗所稱呆
大女壻若廗生者庶幾近之。

半狂評

凶惡之相

皮肉板滯。顏色鐵青。目光直射而斜
視。嘴唇高聳而尖起。鼻中常帶呵氣。
眉間時露怒容。凡具此等凶惡之相
者非刼人之財卽傷人之命所以車
至麥田之中彼姝雖連喚親哥哥曾
不足動他一點慈善之心也。

半狂評

目光怒閃。耳輪偏削。言語則聲音短
急。嬉笑則纏放卽束此等凶人心地
醒齪。不知天地為何物。不受父母之
教育故敢無法無天演出殺娘之慘
史而莫贖。

非非道人評

陰險之相

兩目下視耳無輪廓。將心陰刻作事
險毒。不顧他人性命。祇圖一己利祿。
此等小人防不勝防惟有加以刑戮。
非然者何以慰宋先生之英魂於地
下。

天台居士評

兩眉骨凹雙目神流心腸則毒如蛇
蝎。言語則甜如砒礵待人接物處處
謙和實則笑裏藏刀無往而不以毒
藥害人。觀於張欣生之藥死親爹亦
可恍然於此等人之不可親近也。

非非道人評

奸 詐 之 相

漂白眼鷹嘴鼻。一面孔仁義道德滿

肚皮奸淫盜邪。自來臣欺君。奴欺主

者盡屬此輩故凡用影友僕役皆

宜先察其面貌。否則未有不受其害

也。　終南山人評

雙目偷視。兩耳招風嘴唇薄舌頭尖

凡具此等相者非貪財之鄙夫卽不

法之小人彼朱潮生者亦此中一份

子所以開賭賣煙無所不為卒因詐

財起見遂致身罹法網豈不快哉

　　非非道人評

刁滑之相

口扁闊唇澆薄。面孔常作驚鶯笑聲
類鷁鳥怪叫。此等刁澆油滑之徒工
心計多智謀專門助人為惡不謂天
道昭彰報施不爽。此日幫閻瑞生而
死蓮英他日即因蓮英而與閻瑞生
同死也。
　　　　　煙霞客評

眼光直射而斜視嘴唇高聲而尖起。
幫兇是其特長避禍是其慣技此所
以西炮台下有閻瑞生與吳春芳之
頭顱而不見他之踪跡嗚呼蓮英有
知。雖死而定不瞑目也。
　　　　　糊塗人評

孤獨之相

顴骨菱聳耳輪瘦削。論心地則狹窄
異常。觀氣度則拘束不堪。偶爾入其
庭闈灑埽不僅一回。假使污其衣服
怨罵何止千聲。此等孤相之結果親
戚必疏兒女必少。故在相書必連綴
一獨字。而曰孤獨之相。

半狂評

面龐消瘦色澤青白。眉梢倒挂而且
細長目光斜睨而不正視見嬌妻在
旁。則避之若凂聞小兒啼哭。則恨之
欲死凡有此等相者可斷定其無交
好之友而與世故人情不合也。

雲遊子評

輕薄之相

目光流動。鼻尖瘦削。貌若清秀。實則
輕薄。觀其舉止則浮動而不鎮靜聽
其聲音則鬆脆而帶急速論此相之
結局。非促短年齡卽傾喪家財謗曰。
修心可以補相凡有輕薄相者急宜
自修之。
　　　　　雲遊子評

耳輪直聲口臠偏狹行步則顛放而
兼奔馳閒坐則搖擺而無定向人若
具有此相則目前之榮華不可恃將
來之長壽更難期此所以一般浮薄
少年。每有喪身敗家之憂也。
　　　　　樵子評

敗家之相

臉瘦骨削。鬢低額凸。眉毛稀而倒拖。

鼻尖小而肉薄凡具此等相者。雖有

萬貫家財必至寸草不留。觀夫楊寶

寶之揮霍淨盡即可為敗家相之鐵

證也。　非非道人評

顴骨低平。眼梢挂下。耳輪則狹小如

鼠鼻尖則平塌起溝有此種種現相。

其結局必蕩產傾家而無疑。故富貴

之家苟見子弟有此等相者宜加意

防閑之。　天台居士評

多病之相

眉毛稀疏目光昏散身肥轉瘦耳輪
上吊額端有灰黑色凡具此等相者。
小病去則大病來大病愈則小病生。
終日終夜經年經月常呻吟病榻之
上與藥鑪為伴侶更何樂趣之可言。

面色昏沉眉心顰蹙額尖亂紋堆積。
耳輪色澤乾枯凡為疾病所糾纏者。
必有此種種現相故人在平時觀察
自己之顏色即可斷身體之有病與
無病不必經醫者之診候而始知也。

多子之相

額圓正而肉厚髮稀疏而皮清。目光
慈善耳輪厚大至其出言吐語聲音
又朗朗可聽人若具有此相即可為
多子之證此馮海珊之所以有十八
子而為世人所豔羨也。

　　　樵子評

兩腮豐潤雙耳長大鼻正無少偏倚。
眉長高插入鬢無論富貴貧賤男子
有之則為多子之相女子有之即為
宜男之相欲卜子孫之多寡者不必
推算命理觀於此而便知。

　　半狂評

無子之相

顴高無眉人中淺短頭尖額削目陷
鼻凹。凡年老無子之輩大都具有此
等面相。乃天命之所付定非人力所
能挽回。世之無子而妄想求子者觀
於此而亦可恍然悟矣。

　　　　　　　　　　　　閒鷗子評

頭大面尖眉疏目陷鼻尖高似孤峰。
人中上有橫紋。凡具此等相者亦為
無子之鐵證。至面上有暗金紋一二
條者則尅一二子。（見相術奇書二
十七章無子相節）與無子者有別。

　　　　　　　　　　　　煙霞客評

破財之相

滿面青暗。鼻孔仰露。目光無端昏沉。
口角流沫不自知。至於行步則疾徐
失次若有物絆之而傾跌者。此皆破
財之敗相見人有此宜勸其努力修
心。自己有之。則當竭力行善或可幸
免於萬一耳。　　　糊塗人評

面色晦黃。四肢肉顫額上陡起烏光。
如晴天忽現黑雲。有此種種現象非
特破財而已。且有死亡之慘惟人定
可以勝天若能按部就班逆來順受
或可趨吉避凶。轉禍為福耳
　　　　　　　　終南山人評

遇 禍 之 相

眉如烏雲。目似秋水。天倉豐滿。鼻部
隆準。發音響如洪鐘。舉止重若泰山。
具此奇格。必能一鳴驚人手創鉅業。
惜乎下頦如削肉現橫紋故中年遭
禍。以身殉職萬難幸免也。

半狂評

額角滿布黑氣鼻觀忽起紅斑夜中
驚跳且多囈語人若有此現狀不出
一月。必有匪夷所思之禍樂於被誣
之前一星期諸象畢現惜彼不知趨
避之術耳。

非非道人評

遭訟之相

眉宇開朗。精神滿足。鼻似懸膽而中正。耳似旋輪而廓輻此固顯者之相也。惜乎印堂忽青天庭驟黑。故雖以國務員之尊榮而亦難免嘗鐵窗之風味嗚呼相固可忽乎哉。

閒鷗子評

天庭寬大。有光明磊落之氣。地角豐盈。有珠圓玉潤之色。兩耳長大而輪肥。雙目炯炯而神足。此本顯宦鉅商之相。惜乎眉心繁湊。皮肉絣澀。加以山根印堂皺紋如織。故螺綫之禍。起自意外可知一生榮辱。厥相有定也。

糊塗人評

尅妻之相

羅漢相判官形。山根枯陷眉壓奸門。面色灰敗沉滯。額上忽起亂紋有是種種敗象定為斷絃之兆。故妻室有病欲卜病者之生死。但觀己之氣色便知。

樵子評

面肉輕浮顴骨凸露奸門紋侵魚尾低陷而且山根有橫紋或痣皆為尅妻之兆紋與痣愈多。則尅妻亦愈多。此乃一定不易之理無法可以幸免者也。

·天台居士評

貴 婦 之 相

顴骨平正不露鬢髮烏潤而長加以
靈秀之目高厚之耳凡婦女具此等
相者則知其因夫而貴也近時如黎
大總統之夫人黎本危女士卽具此
相之一故當黎大總統結褵之日人
卽知其他日之必貴。

　　　　　　吳道子評

眉秀目清唇紅齒白人中則長而分
明下頦則寬而飽滿凡具此等相之
婦女則知其因子而貴也前年有人
往津祝靳太夫人之壽見其相貌如
此。始信貴婦之相固有異於尋常婦
女也

　　　　　　吳道子評

節　婦　之　相

額圓正目清澈面呈冰霜之氣手似
乾薑之狀與人言則不露歡容獨居
時則常帶憂色凡具此等節婦相者。
無論年之老少家之貧富一旦痛失
所天未有不含苦茹辛如徐太夫人
之彤管揚芬也。

雲遊子評

眉毛疏朗。鼻尖圓正兩耳豐厚柔軟。
雙目黑白分明婦女而具此種相者。
雖在妙齡之時亦能操冰霜之節終
其身不懷二志觀於周女士之年輕
守節即知相法之鑒鑒可據也。

雲遊子評

三九

貞女之相

額圓髮潤。眉長目清。面孔嬌而有威。
耳輪白而且長。至於言笑之時。絲毫
不露牙齒是。為貞女之相不論家道
之貧賤富貴苟女子而具有此相即
知重倫理寶聲譽不肯貪一時之快
樂而喪終身之貞節也。

　　　半狂評

目澄澈而不斜視鼻圓正而不露孔。
出語聞清脆之音行步無刻忙之態。
凡此種種亦為貞女獨具之相欲知
女子之貞不貞不必細細他求觀於
此而便瞭然矣。

　　　天台居士評

烈女之相

兩眉濃厚雙目分明。額廣而色青口
濶而音脆有激烈之狀。無嬌柔之態。
是名烈女之相女子具此相者凜凜
然不可犯其一毛犯則有死而已不
知其他此席上珍之所以縊死於商
報館也。
　　　　　　　　非非道人評
顴骨高鬢髮烏目光青而神散鼻尖
正而不偏至於兩眉之間尤露英爽
之氣凡遇此等女子一望而知其性
情激烈者所以好色之徒不敢貿然
親近也。
　　　　一塵子評

英雌之相

卧蠶眉。黃龍眼。耳輪瘦削清高。鼻尖
濶大圓潤。聽其言語鋒利無比。觀其
行步迅速異常。凡具此相之婦女。必
不甘屈伏男子之下。合則相倚相倪。
不合則如棄如遺。在書上無以名之。
祇得名曰英雄之相
　　　　　天涯過客評

耳輪貼肉。眼梢入鬢鼻頭兩孔朝內。
嘴唇兩角向上男子而遇此等婦女。
無不望而生畏。此其國務員所以被
唐女士掌頰三聲而不敢與之抵抗
也。　　　天涯過客評

妖姬之相

桃花眼。柳葉眉。面滑如油至老不皺。
齒白如玉至老不缺雖年逾知命而
一曲清歌猶能響遏雲霄此所以三
河少年咸願拜倒於石榴裙下由他
一嫁再嫁至於三四嫁而不已也。

終南山人評

皮白如粉肉軟似棉兩耳輪小雙目
光浮至其思想之新奇舉動之怪僻。
尤為尋常男子所不及所以立鏡之
黨引惑一般少婦閨女此等婦人面
上定有一種妖氣吾故名曰妖姬之
相。

一塵子評

相之婦蕩

面似桃花。頭偏額窄。眉濃而梢短。目
斜而光露論其上體則乳頭朝下論
其下體則腿上多毛此等婦女雖生
長富貴之家而其性情未有不淫蕩
者。觀狀元夫人賽金花之歷史即知
相法之曲切不移也。

非非道人評

面肉淨。心腸毒眼角低嘴唇白未言
先笑欲笑掩唇行立作偏斜之勢見
人無莊重之容此種種賤相有一於
身。已可決其非正經之婦女而況如
彼婦之兼此數者而有之耶

終南山人評

潑婦之相

柳眉倒豎。紅眼圓睜。顴粗而橫。耳薄而小。一望而知是潑辣貨也。具此相者。主女掌男權有牝雞司晨之象然而陰盛陽衰究與家門不利。故大家閨婦宜引以為戒。

半狂評

鬢髮濃重。頭顱圓突。目光閃閃精神奕奕此相雖則潑悍然前生定有根基。惜乎兩顴高聳鼻旁之夫壻穴有白粉痕。故每每因爭權奪寵與夫主積不相能。以致伉儷情疏生育卽由是而少也。

樵子評

妬婦之相

眉痕粗黑。眼珠爆露察其面貌卽知
其心火必旺。且胸部高聳氣不能平。
嫉妬之心。不期然而自生婦女具此
相者。不論處妻妾妯娌之間無往而
不意氣用事爭風吃醋也。

間鷗子評

五官三停局部端正惜乎皮色黃而
且瘦。是謂木形金局木宜條直則材
用自廣若縷橫卷曲。則成器自小故
婦女而具此相其量必狹處處必生

妬忌之心。

樵子評

幫夫之相

眉軟如蛾。目秀似鳳鼻端骨肉停勻。
對面不見鼻孔婦女有此相者。其性
情必溫和靜良將來嫁得如意郎君
必能幫夫到老且下停分外雄厚時
發紅光則晚年夫婦齊眉歡樂可知。
　　　　　清道人評

兩眉疏朗輕清雙目活潑靈秀兼之
地閣豐滿手掌背厚是相主夫婦二
人同心合力到老齊眉故婦女具此
相者無不克勤克儉得夫倡婦隨之
樂也。　　糊塗人評

尅　夫　之　相

眉心皺而蹙嘴唇厚而翹耳反無輪。

鼻內生毛而且面長顴凸骨起腮高。

此等面相偶有其一卽足以尅夫而

有餘如兼此數者則必連尅數夫而

不已也。　一麈子評

眼皮如魚泡殺夫弗用刀斯言也不

需為寶珠寫照剡其面貌不特此一

端為尅夫之相如額則高而長顴則

粗而橫面無笑容音類男聲凡此數

者皆為尅夫之確證令人不難望而

知之也。　雲遊子評

薄命之相

眉梢向上。心直口快。歡裏藏憂笑中帶哭。此等面相雖則出身閥閱之家。然必墜落煙花。卽使幸遇知己拔出火坑。終如曇花之一現。難望偕老於百年。此所以古人有紅顏薄命之歎。

雲遊子評

豐頤厚頰齒白唇紅。統部骨肉停勻。確是富貴兼全之相。惜乎鼻柱左偏。故而夫有三妻四妾。不能獨立居中。兼之眉梢插額。所以雖遇貴人護持。不旋踵而重墜風塵也。

終南山人評

橫死之相

雙眉斷角。兩目光滯。耳輪薄小口角

下垂而且面內有紋帶橫婦女具此

面貌即不橫死亦必夭死何怪乎閭

瑞生之見財起意勒死於麥田中哉。

非非道人評

滿面怒黑光。四肢肉忽顫眉毛無端

脫落。雙目日夜跳動諸如此類有一

於身即知為橫死之現象老五當羅

炳生蹈海之後諸相畢具宜其以烏

芙蓉一盒了此一縷香魂而歸離恨

天上也。　天台居士評

中華民國十二年七月出版

版權所有
不准翻印

分發行所

北京 漢口
太原 廣州
奉天 長沙

世界書局

編輯者　　　平江吳道子

印刷者　　　世界書局

發行者　　　世界書局

印刷所　　　世界書局
　　　　　　上海閘北虹江路

總發行所　　世界書局
　　　　　　上海四馬路紅屋

現代人相百面觀·全一冊

定價洋三角

央斷終身相術奇書 全二冊

定價洋六角

相人新法目錄

相　人　新　法　目　錄

一

心一堂術數古籍珍本叢刊　相術類

◉ 相人新法

◉ 總論

凡人心之邪正人事之善惡皆原始於思想。思想發於腦，必經血氣傳道而後發於言行事其傳道之順序必先自容貌而及於四肢，無論過去現在未來之思想於其人之五官皆有特證表現昭然無可隱諱故人相術於刑事上有密且之關係。

爲近世刑法家必需之科學也東方學者據容貌氣色以心理論斷人事之吉凶禍福西方學者據驗頭骨及五官形狀以料人類之智能性癖二者各本經驗各持理由當會其通而觀察之庶幾適用於刑事也。

歐西骨相家據生理解剖之學知腦爲精神之府因驗頭骨以察其腦中之精神作用，蓋顏面筋肉受精神作用之影響容貌遂生變化東方學者所謂人心不同各殊其面理相符也夫人相之類多矣有伶俐相有凶惡相有福澤相有愚蠢相。

有詩訣相，有孤苦相，同人各不同，則爾後提之童蒙，貌皆活潑可愛，迨軀體成長，

則漸漸變化，或柔利，或獰獷，或愁苦，或乖巧，千變萬化無奇不有，此何以故，蓋以

小兒之心清淨，無惡念，亦無憂慮，及其成人漸積生活上種種之經驗勞其筋骨，

苦其心志，受外來界喜怒哀樂之惑觸，其結果遂以顏面筋肉之感應作用而時

變其容貌，故少壯之人，猶且鮮見童顏，晚年者更無論矣，此即精神心理之變化，

影響於容貌之明證也。

根據精神心理變化容貌之理由，就居心不良者而觀，無論其所慮惡事，已否實

行，及已達目的與否，種種惡念積慮於其天然之良心上，必感受痛苦，世人但知

盜賊却取他人之金物，供已之豪遊揮霍絕不勞心，而精神常覺愉快，殊不知盜

賊用心之苦，有十百倍於恒人者，當其惡謀之始，必先計劃種種盜竊入手之法。

斯時已萌防捕懼罪之恐怖思想，迨既實行盜竊，幸而達其目的，則賊品之如何

處分罪跡之如何隱飾，己身之如何避匿，其精神思想必同時大亂憂懼交集，設

使不幸而案破被捕則必先驚後悔因此盜賊之面容必具特別之驚苦狀態。表

現而不自知也。

歐美各國法官警吏，以及刑事偵探，皆具相人之常識。蓋依據心理生理等科學。

以證世故人情融會而觀察之，確有事實可驗諸以補證據搜查之不足。日本司

決界及警察研究中國相法。兼用骨相實施於罪犯以決疑獄據相詰案。如見

肺腑近世人智愈開，盜賊之程度亦愈高其掩罪文過之技逐日益進步。故相術

之應用幾為決官警吏偵探必具之科學。雖無刑相專籍可修。而法家散著中所

論人相亦多。爰集關於刑事實用之相法。別為五官面紋及喜怒哀樂之原因狀

態。分類論述如左。

第一章　論盜賊之五官辨別

人性本善其所以不肖者由於教育不善交女不良及受生活界困迫之影響有

以致之人相本善其所以凶惡者以亦嗜好深染貪慾放心及習居下流因以變

之而嗜好飲饌與夫下流交際。皆屬外界之現象。其所以深映於惡人之臉筋中

者。無非目覩視聽臭味之四覺器。漸漸感入習為久之。自然變相而變相之原因。亦

不外乎善惡哀樂之發於中而形於外。故肌肉之傳動漲縮血氣之驟升驟降。皆

緣斜之原動力。按歐洲骨相家所論人相變與之順序先頭骨次筋肉次皮膚。

自內而外。悉由神經關係。故不特眼耳鼻口時常變化不同。即眉毛頭髮之濃淡

其疎與面紋之位置隱顯。亦皆以血氣漲落肌膚伸縮而致異其形狀相家研究

經驗之結果。精觀容貌以別善惡邪正實有深理存也。茲將盜賊之五官區別。分

論如左，

（二）　眼之辨別、

眼為外來界與精神界之連絡機關。如外界之景像。報告於精神。及精神界之意

想。實注於外界。皆非依賴目光不可。故色慾過度者。有色盲眼，機敏察人者有搜

宜眼。有閱歷之醫探及富有經驗之商刑官皆具捉拏眼。　心高氣傲者有斜視眼。

宜眼。被以智謀陷時時注浸人之行為。觀察人之舉動也。

深沉多疑者。有凝視眼。凡人交際或談話時常目睛向上視眼間。定而視眼皮不稍動。有所思想高尚者有上視眼。廳故能思對合理六振學者律師及新聞記者裁判官及名用思想者。於對人交際談話時常引目睛向上視間亦以求思想者。

多尾三角眼。及偷視眼。關於盜賊及凶暴不品行者有之。三角眼者上眼皮之肌肉吊起。是三角形。是爲精神多生惡念。且時防他人窺破滾動眼皮。日久漸影響於眼簾之肌肉。而與眉間皺紋之形狀。有違帶關係。故盜犯常多具三角眼也。

偷視眼者。其目睛周轉流動。是爲存心不良。氣淩臍怯之明證。惟怒已之惡行表露行所戒懼。利用目睛周圍搜索。乘隙以施其惡。故偷竊之賊人常多具偷視眼也。

此外又有小眼凹眼兩種。或因遺傳。或因生成。非由精神關係而變化出。俗說小眼。

於刑事上研究之。則定小眼有狡詐能言。凹眼則深心冒險。我國固爲人主富有深心冒險之特性故。

斜視眼。此惟不僅於盜賊有之。而罪人之首一目者。性必狡暴。於變死一盲之人。質明眼也此。

尤好毆鬥凶惡。此亦刑法家經驗之語孟子所謂眸子不能掩其惡。信哉是言也。

（二）耳之辨別

常人之耳約可分爲三種。一爲多肉橢圓耳上流富貴者有之。二爲露骨後貼耳。

中流商學軍營各界之人有之。三爲傾斜小圓耳流下勞動界之人有之而盜賊

之耳有尖形及蝙蝠二種尖形耳者耳上少肌肉或上尖下圓或上

下均尖是也蝙蝠耳者形如蝙蝠向前覆出蓋薄而少肉者也凡具尖形耳之人。

性必乖戾刻薄寡情專鬭利己不知愛他也凡具蝙蝠耳之人情必貪慾多嗜好。

浪遊揮霍財窮斯濫忘却廉恥也。

（三）　眉之辨別

眉居五官之上最足以表現人之善惡邪正。眉之粗紅濃淡及形狀部位皆與人

之性情行爲有密切關係大抵強盜之眉多散濃曲戀竊賊之眉多斷淡倒掛曲

豎眉者眉梢上豎粗而亂出而不直其人之性必兇暴殘忍凡犯殺人放火強姦

恐喝毆打竊奪等罪者有之倒掛眉者眉梢下垂無論粗細濃淡其人之性必陰

險狡詐犯偷竊僞造誘拐局騙橫領竊賊等罪者有之而雙眉挨近寬不過大英

分者。必亂神智。每事失敗。終身陷於悲愁之境也。又人之矯傲剛復者往往於談

論時。常有雙肩上揚即為自顯其能。表示決心之証據。而眉角時時跳動者其人

必多歷困境腦筋過於複雜應用。遂致猶預寡斷承諾之事。常有退思中變反覆

不定之弊也。

（四）鼻之辨別

鼻居面部之中。東方相家據五行位置定為屬土。主人心術善惡。命運窮通就其

形狀而判斷也。凡上流高貴之人其鼻樑必高正常好虛榮多具傲性中流以下。

勞働謀生之人其鼻樑低凹者居多。性柔順而慣服從此男女一理也。惟心術奸詐

多疑者。鼻高露骨或鼻尖凸出如鷹嘴。最險惡之陰謀家不但露骨鷹嘴目傾斜

不正於刑事上對於犯詐欺偽造謀害指使行賄受賄等罪者常見有此傾斜不

正之鼻也、

（五）口之辨別

凡口大兩脣特別厚闊口角左右有上斜之回紋者。稱爲虎口。兇惡之盜犯常有之。若口小而尖上脣有骨隆起者則名鼠口。狡猾之竊賊常有之虎口往往生於肥大之面格。尤多於四方長方等形之面鼠口多生於三角形菱角形之面此皆歐美刑事家所經驗可據者也而中國相術。論口謂寬厚端正齒齊不亂主忠實無虛語。狗牙鳥喙龍脣鳳口。主狡猾多險詐寔爲經驗可信之談刑事上亦當探用也。

以上所舉五官相法皆根據學理實地經驗以定論斷然於應用時又當注意其他局部形狀之連帶關係不能以一官之惡相拘執一徧觀念必須同時審察面格之配合與否他官形狀之如何以及面紋之部位隱顯發言擧動之狀態方足以別善惡邪正於理想之中而西方相家以目爲主相耳眉鼻口爲輔相因離千人亦最初之理想造成必經視官出入腦筋遂致感發思慮譽諸軍事腦爲主帥。眼爲參謀。視參謀之良否以定軍事計劃之成敗觀眼部之形態以知其人之善根爲參謀。

惡能。一理連累將關分刑事上人相判斷之心領合觀主相輔相●默察行為●列表

如左。

（一）主相輔相皆惡者　　　　　　　　必有凶邪行為

（二）輔相合惡主相端正者　　　　　　假定關係凶邪

（三）主相惡輔相一種端正者　　　　　假定關係凶邪

（四）主相惡輔相二種端正者　　　　　行為不正

（五）主相惡輔相三種端正者　　　　　假定行為不正

（六）主相惡輔相全端正者　　　　　　品性不良

有裝度列六項。凡警吏法官以及警察偵探。對於初見棄犯時。即當以敏捷之思想。注意觀察實為第一步必要之手續也。

第二章　陰面紋之分類與人性善惡及情慾之關係

人頭之肌肉本細膩局密皮上初無縐紋視見童之顏容光潤足以證之其所以

九

有皺紋者由於思想動容漸使筋肉波折凡多愁多憂以及居心險詐行為凶惡之人必於面上之局部時有牽動壓迫細胞習久自然成紋刑事上對於面紋之研究當注意其局部形狀與夫顯紋之原因思想之習慣方可判其品性行為也。

茲將面上各局部之皺紋及善惡情慾之關係分述如左。

（六）　額上之皺紋

凡多勞心力及多歷困境者。必上揚其額皮。有所思慮。習久而額上必現縐紋惟常人之額紋。直而不曲連而不斷弓灣向上中成圓形名曰公僕額紋有此紋者。必耐勞苦尊為社會一切事目不上揚則隱而不顯常見額紋獨於老練之盜賊。及累犯者。額上亦有額紋與常人不同游曲波折複雜深細即不動聲色亦表現催老年人清楚甚至眉間皺紋貫透額紋足為多動惡念多經惡事之確證也。

（七）　眉間之縐紋

常人於憂患思慮時必蹙緊其眉呈現崎曲之皺紋無論智愚賢不肖凡多慮目

境。深於世故者莫不有之惟凶惡險詐之人其眉間之皺紋必曲折深長雖不動

聲色。亦表現清楚形如山川水火等字而其眉角特別高聳於盜竊累犯之多歷

艱困者，尤多此相也。

（八）眼簾及眼稍之皺紋

眼簾眼上及眼稍之皺紋。常人有之者多。眼簾之紋名思考紋。因眼皮慣於上揚

求思遂顯皺紋也。眼稍之紋名色情紋，發生於喜笑之性情。不僅關係於男女之

色慾且於對人交際之情意厚薄。亦以色情紋之有無而定。其人慣於笑謔者故紋

多之人，必重情而愛女色虛榮之心亦最甚也。惟色慾過度行為奸詐者則其眼

稍之色情紋必交叉雜亂。中有一二特長特深之紋。於刑事上凡犯強姦重婚及

色情命案者必見此紋也。

（九）面顴上之皺紋

常人於嬉笑時面顴上或現皺紋此亦情紋之一種必運於眼下延長至於面顴。

惟凶惡之盜賊及老練之累犯其面額上必有一二深長無根之橫紋。且囚額肌肉如腿雖笑亦定而不動凡於四方形長方形三角形之面其兩額有鈎形之紋者大惡相也。

（十）鼻上之皺紋

凡長口才有機變者於嬉笑時鼻上往往有細長皺紋惟狡猾多疑之盜賊其於言笑及悲怒時。亦有花形之鼻紋深長而粗甚有自眉間通至鼻端鼻凹者於刑事上犯陰謀妬害強姦恐嚇等罪常見多紋鼻也。

（十一）鼻凹之皺紋

鼻旁左右低凹少肌肉常人於嬉笑顏開時。表現最清惟陰險多疑及生活愁苦者雖不笑不語亦顯凹紋凡心愈險疑愈重受苦愈深者，其鼻旁左右之凹紋亦愈深長甚有長過口角每發言。鼻端歪斜面額之肌肉隆起凹紋遂顯露欲隱而不能自主又有鴉片烟癮之人亦有同樣之深紋觀其面容之色澤即可區別也

（十二）口角之皺紋

常人於口角左右低處有凹而無紋者居多見於閉口及咽食之時而凶惡之人，瘦常有深長之皺紋一條或兩條於其口角外之左右尤於四方長方三角等形之面格為多。而紋綹浮泛之子弟及不良少年亦或有之。

右列七種面紋於刑事裁判有重要關係當參照五官相術，同時覺察以會通之。

於嫌疑犯之拘捕審問，大有利用也。

第三章 論喜怒哀樂之原因及狀態辨別

據美國心理學家司呑來華兒氏之學說犯罪之原因雖有種種不同。大別則為經濟的關係與性情的關係而貧困之原因實由性情之放蕩及驕奢所召實言之性情不良者犯罪之媒介也。故於刑事上當先察人性情於喜怒哀樂之時凡心有所得而喜。有所激而怒。有所悔而哀。有所冀而樂。設於非義之所得非理之所激。非法之所悔非情之所冀其顏容必變常態樂其之徒雖勉自鎮定其精神。

坦然其形色。而虛偽之狀態亦有特別之表現終不能變其真相茲將關於喜怒

哀樂之狀態區別研究心理如左。

（十三）　喜之研究

喜生於情喜情之起始係外來界之形色聲臭及一切感觸。由視聽臭味之四覺

器傳入腦府神經發生作用。使心臟血液鼓動急上頭面同時肺量澎漲遂致聲

笑凡積慮過甚。神經衰弱者雖有可喜之事亦必以感觸不靈或被雜念打消故

無笑容表現。然身處順境胸懷舒展者喜情恆勝常情。如富紳貴士於交際間談。

慣多狂笑是為無憂無慮之明証而於小兒亦然以其除飲食遊戲之外腦中無

生活之計慮悲苦之思想故也。夫小兒腦筋清而感覺靈血液之循環順而不滯。

此其所以有天真活潑嬉笑顏開之狀態也據心理學以研究喜之由來乃知凡

腦中多愁多慮多憤多疑者。皆足以拒敵喜情之感覺於性情則必剛愎矯傲於

行事則必凶惡奸險習久乃成麻木不仁。無情無義常多怒顏。而少笑容雖有時

強笑其聲短促不過由上牙齒部之肌肉微微振動於刑事上最有研究之價值

例如左。

（一）多愁多慮者。雖笑逢愉快之事。出聲大笑亦甚少。偶於交際對語時。為不得已之笑者聲沉而氣不壯也。

（二）多憤者其於默籌對付他人之計劃心有所得自鳴得意時。亦有出聲笑其音出自鼻中鼻上必見皺紋。

（三）多疑者遇其嫉妬厭惡之事。常短聲冷笑音出鼻孔。作哼喝等聲此偶笑而非真笑不但面上肌肉無活潑之開動。且必同時顯出其鼻旁左右之深凹紋凡疑慮重者回紋亦愈深長出主冷笑發言時歪斜其鼻端及人中並牽動上唇皮。

最後之人有此現象。所謂談笑之中藏有戈矛也。

（四）凡性情剛愎驕傲者笑聲或長或短大盛其氣常抬其首揚其眉張其目笑語間雜並出竟有不容他人發言為一己之議論者。

（五）凡極凶惡之人必無測隱不忍之心雖在狂笑亦能立即變喜爲怒其笑時。

面上一局部之肌肉微有跳動兩目烱烱四射一望而知其僞笑也。

（六）凡極奸詐者防人之心最重其涵發忍耐功夫亦較常人爲勝故每笑惟微動其容。鮮有出聲若奸詐之人有出聲笑則必毒計已定常多哈哈喝喝等聲所以表自得非受感而眞笑也。

（十四）　怒之研研

腦筋感受外界不平之事而生刺激作用遂血管澎漲面紅耳赤表現怒容此亦人之常情於血氣方剛之少年爲最多據學者之研究怒有遺傳習慣偶發之三性區別遺傳性者因父母之性暴烈凡盛氣憤怒中受胎所生之子女常有暴烈性也習慣性者於幼年時多受不平之感觸或以復讐未達目的而憤懣塡膺或以虛榮自大而傲氣凌人積久乃成習慣幾於人世事無一非逢彼之怒者也偶發性者偶然遇不平之感觸出於意外而發怒也三者之中以偶發性刺激最烈。

而肇禍最多。茲將關於刑事上研究憤怒之原因。約有三種如左。

（一）因妨害快樂感情而生者。

（二）因悲哀及憂鬱而生者。

（三）因身心受激烈之痛苦而生者。

據右之原因即知關於憤怒犯罪之真相。故無論怒性出於遺傳習慣偶發習慣。注意分晰並須密訪其犯罪以前之行為比前證之於女子型宜注意考究其犯罪時起否在月經期內因女子於月經來時神經與常錯亂。最易突發憤怒而犯罪也。茲將關於刑事上確定因怒所犯之重要案情。舉述如左。

（一）爭奪毆鬥

（二）報讐行凶

（三）強姦害命

（四）嫉妬謀殺

（五）結怨放火

（六）洩憤殺人

（七）酗酒滋事

（八）毀壞公物

（九）不平叛亂

（十）惡戲凌虐

（十一）畏罪恐嚇

一九

一七

以上各罪案由於偶發性之慣怒者居多。而偶發性之怒往往以酒為媒介因酒
能助血氣與衝易致神思昏亂也。又常人於無端受欺受辱受痛受怨者亦足以
勃然生怒絕之偶發性之怒其所雄之禍。尤較遺傳習慣之怒為大常有平時極
溫和之人偶因一怒而前之惡之念突施激烈行為以沈互禍者以其腦筋中未
慣受刺激如導火線之裝置於地雷一經燃着立時爆發也。

（十五）　哀之研究

凡人經憂患貧苦病疾慘痛遂生哀念。哀者窮而反本之理其哀於內者必形於
外。語云鳥之將死其鳴也哀人之將死其言也善足以證哀念之發生必於血氣
衰減窮無可告之時。解剖哀將之心理有遺傳習慣偶發之三性遺傳之哀其父
母於憂慾患苦時所受之胎或於胎內時感受其母之憂思慈念誕生後即有遺
傳之哀苦性往往腦筋衰弱多有天折不壽也智慣之哀自幼壯時多處逆境恒
憂鬱無聊習久成性其結果甚至痴狂自殺凡智慣之哀者必漸減其造取思想

事多失敗終身陷於悲境也。偶發之哀由於臨時受外界直接間接之感觸被毆

的發生哀念蓋因所感痛苦之強弱以定其哀程之深淺也夫人莫不有哀上流

高貴之人哀每生於偶發如喪祭疾病及行事失敗被人侮辱笑駡打擊苦痛等

事。悲哀之心油然而生在中流以下或以謀生之艱困或以行事之失敗或以內

心之恐怖或以親友之喪疾或以己身之痛苦鬱鬱以成習慣遂使灰其心志也。

至於遺傳之哀種有較爲少數尚能轉處順境亦可潛移默化今於刑事上研究

哀情與犯罪之關係當特別注意於習慣之哀尤以發生於內心恐怖者爲多蓋

以盜賊犯罪本忘其天良不近人情其所以不免恐怖者實因血氣驟降於事後。

遂生悔念而自覺驚恐其時而上必呈現凄慘態狀故盜賊之被捕者苟非狡悍

累犯。大多哀愁乞憐冀混朦裁判官之目希望減輕其罪於乞憐哀訴中實其飾

罪文過之作用故爲裁判官者當據學理的審察以別其是非眞僞茲將盜賊哀

求乞憐時之心理及面容狀態條述如左。

（一）狡猾之盜賊。雖於極哀苦之申訴時、其面上之肌肉。必振動體聲似哭非哭之容態。益以偽哀不能掩其瘍心事之證據也。

（二）凶惡之盜賊。雖坦然不露退悔之狀。裁判官苟能根據事實訊問至關鍵處。自然呈現恐怖狀況。且能變異其聲貌、有時偽作驚恐哀苦狀以冀晦其真罪。

（三）殺人放火之盜賊。嘵嘵哀訴時。其衷中仍露凶慣之氣。且面部或紅或青。

（四）凡陰謀指使者。雖面部有愁苦憂慮之氣色。而發青極清神思鎮定不亂、惟訊問時久。步步逼近。自能答訴氣急表現其哀苦真相也。

（五）凡被動附和者。面容必十分愁苦精神必特區疲倦垂頭喪氣。體戰汗流常有臨時情急語迷不能宛轉達意自訴受屈者。

以上五項係據刑事家經驗之心得。仍須並觀其五官面絲及案情以論理的審察。方可決疑也。

（十六）樂之研究

人事萬千。無非欲求安樂安逸之情勝。則貪慾之心生而非法行為亦不能自禁矣。夫人孰不好樂樂有精神形體之分名權勢精神之樂也。食色衣居形體之樂也。研究求樂之程序必先形體而後精神欲達形體愉快之目的。於是急謀財富。徒有謀富之慾而無謀富之術。則貪心起。而廉恥喪。遂致違法犯罪。小人行險以僥倖。明知而故犯。皆因於求樂而至於貪慾也。茲將刑事上由於求樂貪慾而犯之罪名列舉如左。

（一）行賄罪　　（二）受賄罪　　（三）私鑄罪　　（四）橫領罪

（五）強盜罪　　（六）偸竊罪　　（七）陰謀罪　　（八）強姦罪

（九）脅迫罪　　（十）賭博罪　　（十一）詐取罪　　（十二）誘拐罪

（十三）殺人罪　　（十四）放火罪　　（十五）毀壞罪

右之罪案大抵發生於利己求樂居多。故警察及檢察官對於此等案情當注意

調查犯罪者從前之行為交際及生活程度更於同時細觀其容貌並將關於貪

慾者之容貌舉動述要如左。

（一）上眼皮特別腫厚者。（奢慾）

（二）面少血色兩眼深凹及眼皮四圍有黑圈者。（色慾）

（三）目光矇矓如睡眠方醒視物無精神者。（色慾）

（四）臉鼻似浮腫帶赤色者。（酒慾）

（五）臉色淡黃必帶烏光發言時鼻旁左右現凹紋者。（狼戾慾）

（六）兩顴高聳露骨而皮包緊者。（貪慾）

（七）對面望見顴旁腮骨者。（貪慾）

（八）眼珠深黃眼下多紋者。（色慾）

（九）鼻低而孔大對面見鼻孔者。（奢慾）

（十）先笑而後語或語中多冷笑者。（邪慾）

（十一）發言聲低目光流動少笑容者。（貪慾）

（十二）對面見耳的前攫出者。（嗇慾）

（十三）不語時開口露齒者。（貪慾）

（十四）禿禿而眼凹者。（貪慾）

（十五）粗眉方眼而高獅鼻鱷口者。（暴慾）

（十六）尖形面格而眼小者。（吝慾）

以上十六種慾相皆以生理關係及心理作用。影響於容貌。其希望之目的無非貪求一己之愉快警吏裁判官當據刑事案情注意研究足以補助証據之缺點。俾可洞明犯罪者之心理也。

◎ 結 論

上論五官面紋。及喜怒哀樂之研究。不僅審檢法官及醫更偵探所當研究會通。即法醫學生亦應於修學期內參考實驗贊成相人知識果能經驗純熟養於腦

悟應用。然後聽其言。察其動。考其據。驗其服。雖遇疑案奇獄。亦有綫索可尋不難

迎刃而解文明國法治之精神。在於法官警吏之能力完善使犯罪者難逃法

網而能力之進步實與人智發達並駕齊驅在昔酋長專制時代強淩弱衆暴寡。

武斷決獄草菅人命固無所法守也其後人事日繁人智日開法定裁判制度案

依證據為生命財産之保障迨至近世科學昌明犯者之程度增高緝案之原因

亦愈復雜於是刻思異想為避罪滅證之計而法官警操之責任益重囚此天淵

之趨勢關於刑事之搜查審訊等技亦自然進步如論理生理心理以及法醫催

眠指紋人相等術皆為決獄之利器研究實驗精進無窮雖遇疑案有持不懼實

為二十世紀之決官警探必要之智識也。

本書專論人相與犯罪之關係操譯日本羽太銳治。譯田順次郎所著犯罪之研

究及人心操縱術等書並據參觀日本巢鴨橫濱監獄實驗犯人容貌之筆記心

得萃成此篇我國當此風雨飄搖之時道德淪胥人心狡詐欲謀根本補救之策。

拾培養法治精神充實法治能力外實無他道而危亡之免癩風之移安寧之保。

秩序之平。惟冀將來法治之進步而已附表列下。

㊀相人面全部吉凶一覽表

▲眉

形狀	斷相 相
疏秀高闊直長	主聰明
眉長過眼	主富貴
眉低壓眼	主困迫
眉頭相交	主礙兄弟
卓然直竪	主性豪
眉骨稜起	主凶惡
眉有彩層	主賢貴
濃如潑墨	主無祿
兩角不齊	主有異母兄弟、

▲眉

形狀	斷相 相
粗濃逆亂短蹙	主凶頑
短不過目	主貧窮
雙眉吊起	主氣剛
眉尾下垂	主懦滯
雙眉逆生	主不良
眉高在額	主大貴
雙眉交鎖	主不壽
細緊輕長	主多兄弟
高長入鬢	主大貴

相人新法　相人面各部官同一覽表

特徵	斷		特徵	斷
雙眉粗斷	主孤貧		眉濃髮厚	主多難
眉長過目	主兄弟利睦		交連黃散	主離走他鄉
短粗直堅	主不幸		散亂如無	主凶厄
粗硬如針	主凶煞		眉礬印堂	主憂慮
濃細海長	主多牧早富貴		眉彩起伏	主聰明機巧

▲日　形　狀　　主　相　斷　　▲日　形　狀　　主　斷相

特徵	斷		特徵	斷
形　狀	主斷		形　狀	主斷相
清淨光明	主福壽		昏暗流露	主貧夭
白占混雜人	主破財		紅纏黑光	主刑妻
黑白混雜	主剋子		黑白多神	主大貴
形如蜂猴	主惡死		清露暗浮	主受刑
長如鳳鶴	主顯貴		小如蛇鼠	主奸盜
諳赤珠露	主惡死		目如曉星	主得名

相人新法　　相人面全部吉凶一覽表

目火骨沉	主火死溝塹	目烈有威　　主服衆
目靜自明	主慈祥	大眼昏沉　　主錢財耗散
目色通黃	主慈憫忠良	雙眸點漆　　主聰慧文章
目如臥弓	主作事奸雄	目若三角　　主性情貪惡
目睛含潤	主貴善	龍睛鳳目　　主忠孝全名
蛇眼雞晴	主奸詐忤逆	浮光太露　　主死於非命
目縫帶花	主多作少成	目光如電　　主　極貴
目尾插天	主掌刑名	短小昏偏　　主無智愚笨
目廣方長	主大振聲名	目泛浮晴　　主貧窮夭壽
眼露四白	主刑險遭兵	鷹目高視　　主心奸惡毒
鼠目斜視	主貪淫作賊	雞眼鴿睛　　主遠走他鄉
火氣侵眸	主牢罪重	

二七

相人新法　相人面全部吉凶一覽表

▲耳　相		▲耳　相	
形狀	主大斷	形狀	主大斷
厚大垂肩	主大貴	耳白過面	主得大名
貼肉垂珠	主享大祿	色如瑩玉	主少年大貴
兩耳小窄	主愚頑無智	耳門薄小	主夭壽少食
耳門寬大	主長壽	色白如玉	主聰明
耳堅而圓	主多祿壽	輪廓桃紅	主性情玲瓏
耳黑枯焦	主離祖破家	輪廓飛廓反	主敗家失業
耳有成骨	主長壽命	耳中生毫	主老年長壽
尖如猿心	主好殺人	下尖無色	主性非良善
耳小如鼠	主貧困夭壽	黑暗枯焦	主遠亡早死

▲鼻　相　　　　　　　　▲鼻　相

二八

形狀		主斷	形狀		主斷
長高端正		主財帛有積	鼻孔厚藏		主多積聚
準頭尖曲		主爲人奸惡	山根低陷		主敗祖業
準頭掀露		主老年孤單	伏犀貫頂		主大貴
梁柱不全		主天壽	四倉豐滿		主中华起家
鼻樑正直		主爲人忠良	齊如雙筒		主祿壽威通
準頭堅肉		主興家立業	鼻如獅子		主性質靈敏
鼻如縮螺		主到老吉昌	鼻樑貫印		主貴得美妻
鼻相廣長		主多技倆	短促尖小		主無志且貪
鼻頭破缺		主破財孤獨	三星聚會		主有財祿
鼻樑接眉		主早年發達	孤峰獨聳		主六親無靠
準頭黃紅		主生財祿	黑如濕炭		主敗家喪亡

▲口

形狀	主斷	相
口如四字	主錢財富足	
口如牛唇	主賢良襄俊	
狗牙鳥喙	主奸險多詐	
口低角乖	主被人嫌忌	
縱紋入口	主貧困餓命	
口如縮囊	主孤獨缺食、	
龍唇鳳口	主狡猾險詐	
口中黑子	主食噉皆美	
口寬舌薄	主心好歌樂	

△口

形狀	主斷	相
唇若塗硃	主文章俊才	
口不見唇	主威鎮三軍	
嘴臂艷唇	主多非多謗	
口如吹火	主無糧孤獨	
口如鼠食	主讒毀嫉妬	
口正容拳	主大貴	
唇若噴血	主殷富餘資	
形如劍鐔	主多情多義	
口寬舌大	主富足田糧	
唇紅齒白	主老復家亨	

三〇

瘠、毗枯少　　主天亡不壽　　撅唇露齒　　主壽命不永

寬厚端正　　主不妄言　　齒齊不亂　　主無虛語

唇黑斜垂　　主貧窮孤獨　　方闊深藏　　主有德好善

▲耳　　　　運

也。

●流年氣運部位表

（按）右表所列五官各相爲我國古人經驗判定確有根據相家藉以斷人事之吉凶禍福。每多奇驗，日本法警署近亦採用中國相術以察犯者之容貌足證特具眞理於刑事上有研究之必要。惟我國相書類多散漫可專攻。而不適於參攷。愛據水鏡集麻衣相等書區分五官形狀及主斷。編列一表以備法界警界之查證尚能記憶會通利用預言休咎之精思移作刑法實用。庶不負古人經驗發明之苦心。藉以揚我國粹益我社會也。

部 位	專 名	交 運 歲 數
左 耳 上 邊	天 輪	一歲至二歲
左 耳 中 凹	天 城	三歲至四歲
左 耳 厚 肉	天 廓	五歲至七歲
右 耳 上 邊	天 輪	八歲至九歲
右 耳 中 凹	人 輪	十歲至十二歲
右 耳 厚 肉	地 輪	十三歲至十四歲

△ 額

部 位	專 名	交 運 歲 運
額 中 左 部	天 中	十五歲又八十七歲
額 中 右 部	天 中	十六歲又八十九歲
左 額 眉 角 止	日 角	十七歲又九十一歲

左額眉角上　月角　十八歲又八十歲

額　中　一　天庭　十九歲

左額眉中上　輔角　二十歲

右額眉中上　輔角　二十一歲

額　中　二　司空　二十二歲

左額眉中上　邊城　二十三歲又九十二歲

左額眉中上　邊城　二十四歲又六十七歲

額　中　三　正中　二十五歲

左額眉稍上　丘陵　二十六歲

右額眉稍上　塚墓　二十七歲

額下兩眉中　印堂　二十八歲

左額眉左上　山林　二十九歲

相人新法　相人術之部指四一覽表

▲眉　運

部位	專名	交運歲數
右額眉右上	山林	三十歲
左額眉角下	凌雲	三十一歲
左額眉角下	紫氣	三十二歲
左眉	繁霞	三十三歲
右眉	彩霞	三十四歲

▲眼　運

部位	專名	交運歲數
左眼右角	太陽	三十五歲
左眼中部	中陽	三十七歲
左眼稍	少陽	三十九歲

▲眼　運

部位	專名	交運歲數
右眼左角	太陰	三十六歲
右眼中部	中陰	三十八歲
右眼稍	少陰	四十歲

▲鼻　運

部位	專名	交運歲數
鼻樑上	山根	四十一歲
鼻右旁	光殿	四十三歲
鼻樑中	壽上	四十五歲
鼻左孔	閑竈	四十九歲

▲面　部

部位	專名	交運歲數
左面頜	顴骨	四十七歲
左面頰	虎耳	五十八歲
左耳旁	耳旁	九十四歲至九十五歲
左耳肉旁	腮上	九十六歲至九十七歲

相人新法　相人面全部吉凶一覽表

▲鼻　運

部位	專名	交運歲數
鼻左旁	精舍	四十二歲
鼻樑中	年上	四十四歲
鼻樑端	準頭	四十六歲
鼻右孔	廷尉	五十歲

▲面　部

部位	專名	交運歲數
右面頜	顴骨	四十八歲
右面頰	虎耳	五十九歲
右耳旁	耳旁	八十二歲至八十三歲
右耳肉旁	腮上	八十八歲

右腮上部　歸來　六十八歲

▲人　　中　　運

部　位　專名　交運歲數

人　中　人中　五十一歲

人中右一　仙庫　五十三歲

人中右二　祿倉　五十五歲

人中右三　法令　五十七歲

▲口　　　　　運

部　位　專名　交運歲數

口中全部　全口　六十歲

▲人　　中　　運

部　位　專名　交運歲數

▲頸　　　　運

部　位　專名　交運歲數

右腮上部　歸來　六十九歲

▲人　　中　　運

部　位　專名　交運歲數

人中左一　仙庫　五十二歲

人中左二　食倉　五十四歲

人中左三　法令　五十六歲

口下顎中　承漿　六十一歲

上顎右右　鵝鴨……　六十五歲

上顎右中　金縷　六十七歲

旁顎右　腮　七十五歲

下顎中右　地閣　七十一歲

下顎尖右　地閣　七十七歲

下顎右中　地庫　六十三歲

下顎右右　奴僕　七十三歲

下顎左邊　無名　七十歲又八十九歲

上顎左左　陵池　六十四歲

上顎左中　金縷　六十六歲

旁顎左　腮　七十四歲

下顎中左　地閣　七十歲

下顎尖左　地閣　七十六歲

下顎左中　地庫　六十二歲

下顎左左　奴僕　七十二歲

下顎左邊　無名　九十歲又九十九歲

（按）我國相衡義理精微文章複雜定有專名。非潛心研究。殊難悟見真理。相書所載流年運氣部位根據實驗確可證信。凡形相破壞氣色變異之部位適當其交運之年。必見凶厄其善美者可待福祥而相書中所繪

相人新法　相人面全部吉凶一覽表

之面圖註字不清參考不便實爲缺點茲特區分部位專名及交運歲數。

概列一覽表以備決警界隨時查證並須與前表對照以驗其凶善禍福

籍以知犯罪之過去現在而出獄後命運之窮通刑案之再犯亦可以此

證察也。